CONSEIL
DE
LANTERNES,
OU

La véritable vision de *CHARLES PALISSOT*, pour servir de post-scriptum à la Comédie des Filosofes.

*Tange, miser, venas, & pone in pectore dextram;
Nil calet hic.* Perse Sat. 3.

AUX REMPARTS.

M DCC LX.

CATALOGUE

Des différentes Piéces qui ont paru pour & contre les Philosophes Modernes.

Petites Lettres sur des Grands Philosophes.

Les Philosophes, Comédie.

Les Philosophes manqués, Comédie critique, en un Acte & en Prose.

Lettre de l'Auteur de la Comédie des Philosophes, pour servir de Préface à la Piece.

Les *Quand* adressés à M. Palissot, & publiés par lui-même.

Le Philosophe ami de tout le monde.

Le Conseil des Lanternes, ou l'épouvantable Vision de M. Palissot.

Réflexions contre la Satyre des Philosophes.

AVERTISSEMENT.

LEs questions ridicules qu'on me fait depuis un mois, me font juger que bien des gens doutent encore de la fausseté de je ne sçai quelle vision, dans laquelle on me fait agir en imbécile, & discourir en visionnaire. J'ai cru devoir (pour rendre témoignage à la vérité) publier aujourd'hui les grandes choses que je vis il y a trente-deux jours, & rendre compte à l'univers de la périlleuse aventure de laquelle, graces à mon bon Ange, à l'excés de ma peur & surtout à mon ardent amour pour la Filosofie, je sortis avec honneur. Je déclare donc, moi Charles Palissot, fils de Jacques, fils de Claude, originaire de Nancy, de plusieurs Académies, que c'est ici ma véritable vision; & que celle qu'on a fait imprimer sous mon nom, est l'ouvrage de quelque tête mal organisée, la relation d'un fol qui raconte en homme insenpiré ce qu'il a cru voir durant son délire. C'est pourquoi il n'a eu qu'une vision sombre, & pour révélation que des ténebres. Mes yeux n'ont vû, mes oreilles n'ont entendu que ce que vous allez lire.

CONSEIL
DE
LANTERNES,
OU
La véritable Vision de Charles Palissot.

ET le trentième jour du mois de Mai de l'an de grace 1760, j'assistai à la quatorziéme représentation de ma Comédie; & quand j'eus vu jouer ma Comédie pour la quatorziéme fois, je sortis de ma loge.

Et je me retirai, précédé (pour bonnes raisons) de mon frere le Capitaine qui n'est pas Capitaine, & suivi de Monsieur Antoine Colombet, autrefois Advocat, aujourd'hui mon Copiste, & demain Colporteur, Rat de cave ou Sergent; car

A ij

c'est un très bon homme que cet Antoine Colomber, & je veux faire sa fortune.

Et tout enyvré de ma gloire, je croyais entendre encor les applaudissemens que m'avaient prodigués mes amis, & les amis des ennemis des Encyclopediftes.

Et dans les transports de ma joie je meditais tout-bas, courage, Charles Palissot, courage, mon enfant; tu voulais te faire connaître & ta Piéce t'a fait connaître; tu voulais attaquer la nation des Filosofes, & tes injures, tes bons mots, tes portraits, tes épigrammes ont porté des coups mortels, ont dispersé, détruit cette superbe Nation.

Et mille fois plus orgueilleux que les cedres du Liban, les prétendus Sages de cette Nation portaient leurs têtes au-dessus des nues, & ces Sages dont la tête touchait le difque du Soleil, n'admiraient que leurs ouvrages; & n'admirant que leurs ouvrages, ils s'étaient raffafiés de hauteur & d'amour propre à proportion des éloges qu'ils recevaient des beaux esprits & des petits Auteurs *enrôlés dans leur Secte.*

Et parce que ces beaux esprits & ces petits Auteurs se prosternaient devant les Filosofes, comme les bons Égyptiens se prosternaient autrefois devant les Crocodiles de Memphis, les Filosofes se sont regardés comme des Dieux fur la terre, &

ils ont élevé leur cœur, & ils t'ont méprisé ;

Et toi, tu as été pour eux comme un Lion fort & terrible, & tu les as attendus comme un Léopard sur le chemin de l'immortalité.

Et tu es venu à eux comme une Louve à qui on a ravi les petits ; & pour leur déchirer les entrailles jusqu'au cœur, tu as déchiré leurs livres, & tu les as couverts de ridicule, eux, leurs opinions, leurs principes, leurs systêmes.

Et parce que ce ridicule les abbat, les humilie, les confond, les pétrifie, ils sont animés contre toi d'une rage plus que filosofique.

Et déjà pour se venger ils repandent des Brochures & de petits Libelles, & ces petits Libelles renferment de grosses injures & de grandes atrocités.

Et ces atrocités, ces injures, ces Libelles forment un beau recueil qu'ils appelleront un jour, Examen impartial de ta Comédie.

Et cependant ce tissu de personnalités tombera dans l'oubli, tandis que ta piéce passera d'âge en âge à la postérité la plus reculée.

Et dans cinq ou six mille ans on se souviendra qu'un Poëte, nommé Charles Palissot, de plusieurs Académies, osa jouer des Filosofes sur le Théatre français, & qu'il s'exposa sans crainte à leur ressentiment.

A iv

(8)

Et ces flatteuses idées remplissaient mon cœur d'une inexprimable joie, & mon cœur se dilatait comme les fleurs s'épanouissent pour recevoir la rosée du matin.

Et délicieusement bercé par ces brillantes images, j'arrivai devant la porte de mon petit hôtel, & je *grimpai* à ma chambre.

Et je fermai exactement la porte & les fenêtres de mon appartement; & comme je me disposais à prendre du repos, j'apperçus sur ma table de petites Brochures.

Et je pris ces petites Brochures, & je les lus avec avidité.

Et celle où l'on dit que j'eus une vision avant de composer ma Comédie me divertit beaucoup, & le style de petit Prophete, qu'a pris l'Auteur anonyme, & les réflexions & le succès qu'il m'annonce, & ses prédictions m'ont bien prouvé qu'à des talens supérieurs il joint une imagination gaye, abondante & facile.

Et sa petite Femme qui vient forte & puissante, m'a donné, comme à bien d'autres, un instant de plaisir; mais bientôt, comme bien d'autres, je l'ai trouvée laide & désagréable.

Et ce stylet qu'elle tient dans la main droite, au lieu d'une belle seringue que lui eût donné M. Clistorel, ou d'un beau Tapis de pied sur lequel l'eût placée M. Josse le Tapissier, m'a paru d'un naturel, d'une ingénuité tout-à-fait admirable.

Et je louai la bonne foi de mon Panégyriste, & les efforts qu'il a faits pour flétrir ma probité, ma conduite, mes mœurs, comme si le Public jugeait des mœurs, de la conduite & de la probité d'un Citoyen, par l'estime, par la haine, par le profond respect ou par le froid mépris que lui inspirent les faux Filosofes.

Et je le remerciai de s'être peint lui-même en parlant de petits ouvrages & de grandes friponneries, & de m'avoir rappellé des faits qui n'étaient pas encor venus à ma connoissance.

Et de m'avoir fait conserver ma place à l'Académie de Nanci par l'intercession d'un Filosofe qui porte des cordons à ses souliers, & d'avoir dit que j'ai fait des Satyres contre des personnes qui me recevaient chez elles.

Et d'avoir publié que j'ai volé mes Associés au Privilége des Gazettes étrangeres, & de n'avoir pas dit que c'est des bontés du Prince que je tiens ce Privilége, qui n'a rien de commun avec le Privilége que pouvaient demander ces prétendus Associés.

Et d'avoir supposé que j'ai fait abjurer le Christianisme à un de mes camarades, & d'avoir, par pudeur, supprimé le récit de mes autres faits & gestes, qu'il espere pourtant, & qu'il doit esperer de lire un jour, quand il sera logé tout auprès du Livre des grandes Chroniques de Bicêtre.

Et la sombre tristesse pénétra mon cœur, & mes yeux se remplirent de larmes, & l'indignation s'empara de mon ame quand je vis mes Protecteurs & mon auguste Bienfaitrice insultés avec audace dans ce licencieux Libelle.

Et je ne pus voir, sans émotion, une Dame respectable par sa naissance, & plus encore par les qualités de son ame généreuse, outragée & traitée avec indécence dans ce tissu d'injures.

Et dans l'excès de ma douleur, je m'écriai : Barbare défenseur de la fausse Filosofie, Prophete sanguinaire, arrête & respecte du moins ce que respecteraient les cœurs les plus farouches.

Et si cette grande Dame t'a épargné, pouvant te perdre,

Et si cette grande Dame, au lieu de te punir, a voulu te faire grace, & si tu ne la connois que par son indulgence, ingrat ! quels momens choisis-tu pour l'insulter encore !

Et je voulus m'égayer par la lecture d'un second Libelle qui me parut très-galamment écrit en forme d'interrogatoire.

Et l'ayant trouvé maussade, triste & mélancolique, je bâillai malgré moi dès la troisième ligne.

Et comme je pensais à dissiper l'ennui que m'avait donné ce lugubre Orateur, voilà que tout-à-coup j'entendis au-dessus, au-dessous, à côté de mon appartement un bruit horrible, épouvantable.

Et de longues clameurs, d'effroyables rugissemens, un terrible cliquetis d'armes, de fers & de chaînes se joignaient à l'horreur de ce bruit infernal.

Et trois fois des voix funèbres interrompirent ce bruyant fracas.

Et ces voix lamentables prononçaient ces mots avec lenteur: *Palissot! ô Palissot!*

Et quand les voix cessaient de m'appeller, le bruit des roues, des rugissemens, des fers & des chaînes recommençait avec plus de violence.

Et mes flambeaux s'éteignirent.

Et l'obscurité redoubla ma terreur.

Et la pâle clarté qui sillonnait ces ténèbres palpables était plus effrayante que le voile des sombres nuits, attendu qu'elle était produite par sept prunelles enflammées qui voltigeaient dans ma chambre, & qui me foudrayaient de leurs regards menaçans.

Et le son d'une voix pareil au bruit des grandes eaux, a fit entendre ces paroles: Écarte les cendres, allume le bucher, prépare la chaudiere, je vais descendre, mes yeux le gardent, je le prendrai.

Et celui qui disait ces mots étoit un Spectre énorme qui se précipita dans ma chambre par le tuyau de ma cheminée.

Et ce Spectre épouvantable étoit haut de huit coudées, & sur ces huit coudées il avait une tête de trois pieds de diametre, & quoique cette tête fût coupée & divisée à peu près comme une sphere, en plusieurs cercles inégaux ; elle avoit cependant un front armé de sept cornes, & chacune des sept prunelles qui voltigeaient dans ma chambre fut se placer à l'extrémité de chacune des sept cornes.

Et des bras du monstre pendaient deux mains, ou plutôt deux griffes semblables aux griffes du Tigre, & ses jambes, pareilles à deux colonnes torses, étaient terminées par deux pieds de bouc.

Et je n'eus pas plutôt considéré ce fantôme, que mes genoux tremblerent, & mon sang se glaça dans mes veines, & je lui dis : » Monsieur le Diable ! beau Fantô-
» me ! Ah ! Monseigneur ! Si je ne vous
» connais pas, je n'ai pu vous offenser ; &
» si jamais je ne vous offensai, pourquoi
» voulez-vous . . . & je tombai comme
» mort à ses pieds. »

Et le Spectre appliquant sa griffe sur ma gorge expirante, fit avorter mon évanouissement.

Et quand il vit que j'étais en état de lui prêter une oreille attentive, il me dit : » Ne

» crains pas, malheureux, rassure-toi, tu
» seras écorché, disséqué, dévoré, consu-
» mé; & baissant ses sept cornes comme
» pour me frapper, il ajouta : Je ne suis
» pas le Diable, je m'appelle *Cuclos*, j'ha-
» bite l'univers, je sçai tout & je connais
» tout. On m'adorait jadis sous le grand
» nom de *Pan*; l'ignorance, la bêtise & la
» crédulité briserent mes Autels.

» Et parce que l'oisiveté m'excéde, j'ai
» jetté mes enfans sur la terre, & je leur ai
» commandé de rétablir mon culte sur les
» débris de tout autre culte.

» Et j'ai vu leurs mains puissantes éle-
» ver sept beaux Autels à ma gloire.

» Et leur industrie avait ramassé déjà les
» matériaux d'un huitiéme Autel, quand tu
» les as attaqués, c'est pourquoi tu seras
» déchiré, mis à mort.

Et je vis aussitôt quatre aîles fortes &
brillantes comme des aîles de Chauve-sou-
ris, s'élever & s'étendre sur les épaules du
Fantôme, qui m'enléva à six pieds de hauteur au-dessus de ses cornes; & me serrant
dans sa griffe gauche, il s'envola par la fe-
nêtre.

Et je fus emporté dans les airs; & après
avoir ainsi voyagé durant l'espace de dix-
neuf secondes, le Spectre accrocha sa griffe
droite au toit d'une maison qui me parut si-
tuée dans la rue de . . . . . .

(14)

Et mon farouche ravisseur dirigea ses pas vers une lucarne, & de cette lucarne nous passâmes dans un grenier.

Et quand nous fûmes dans ce grenier, le Spectre ouvrit une porte, & cette porte était la porte d'une chambre éclairée par une lampe antique.

Et je vis à la faveur de cette vieille lampe une grande table quarrée au milieu de la chambre.

Et sur cette table il y avait un tas immense de chiffons de papier, des livres blancs & des livres écrits, des pinceaux, une guittare, un lirotome, des lunettes, une faulx, une alaine, un Grafometre, une enclume, des ciseaux, un rabot, &c. &c. &c.

Et sept beaux pupitres étaient rangés autour de la table, trois du côté de l'Orient, deux du côté du Midi, & les deux autres du côté du Septentrion.

Et le côté de l'Occident était occupé par un vaste fauteuil d'or & d'argent massif.

Et sur ce riche fauteuil était sur son séant un chat douze fois plus gros que le plus gros chat de l'Europe.

Et ce gros chat plongeait sa patte dans un vase rempli d'une liqueur noirâtre, & puis il retirait sa patte, & puis il griffonnait des caractères iroquois sur de grandes feuilles de papier blanc.

Et le Spectre, en l'embrassant, lui souffla dans l'oreille gauche, & lui dit : " O mon » fils ! Voici la nuit de la vengeance, voi- » ci la nuit si longtems attendue ; hâte-toi » de te venger, puisqu'elle est dans la sou- » riciere la souris qui t'a mordu : que les » vainqueurs se rejouissent, tandis que les » vaincus prieront leur mere de les englou- » tir ; encore dix minutes & leurs molé- » cules organiques vivantes, déchirées, dis- » persées ne seront plus que de la matière » morte, & la matière vivante broyera, » triturera la matière morte ; & vainqueur » de ton ennemi, tu deviendras, ou tu con- » tinueras d'être fier & superbe, parce » que par état tu dois être fier & superbe.

» Et tu dénigreras sans exception & » sans égard tous ceux qui ne penseront » pas, qui ne parleront pas, ou qui ne » griffonneront pas exactement comme » toi.

» Et si tu donnes au Public quelqu'ou- » vrage ridicule, singulier ou hardi, per- » sonne n'osera te dire que ton ouvrage » est trop hardi, trop singulier ou ridi- » cule.

» Et si quelqu'un se hazarde à démon- » trer la fausseté de tes systêmes ou le » danger de tes principes, tu te mettras » adroitement derrière quelqu'un de tes » copistes, & de-là tes injures accable-

» ront ton critique, & s'étendront plus
» loin encore.
» Et si tu reçois de la part de tes envieux
» quelque nouvel outrage, tu les traiteras
» comme tu vas traiter l'ennemi que je te
» livre; car, ô mon fils! c'est afin que tu l'é-
» gratignes que je le mets entre tes pattes;
» ordonne son suplice, les momens sont
» précieux, appelle ton conseil.

Et tandis que le Spectre Cuclos prononçait sa harangue, le chat dépouillait du chat & la forme & la figure; une belle perruque rousse décora son chef, une tunique de fin lin couvrit les molécules de son individu, ses pattes s'allongerent, s'étendirent, s'arrondirent & se changerent en bras, son museau s'applatit & devint figure humaine, sa queue disparut & sa langue articula ces mots:
» La reconnoissance & le besoin que j'ai
» de ton secours m'ordonnent, ô mon
» pere! de respecter comme une Loi
» sacrée ta suprême volonté. Tu concours
» à mes projets de vengeance, tu daignes
» de tes puissantes griffes enchaîner le
» coupable, tu veux que je convoque
» mon conseil, & tu promets enfin de
» défendre *unguibus & rostro*, la sagesse
» de nos décisions; compte, respectable
» Cuclos, sur la fidélité des sentimens que
» je te voue.

Et le Sage parlait encore quand la porte

de sa chambre s'ouvrit avec violence.

Et me tournant du côté de la porte, je vis entrer & s'avancer un globe de lumière.

Et la lumière de ce globe était pâle, faible & semblable à celle de ces météores qui durant les nuits d'Automne sortent du sein de la terre, brillent & disparaissent dans le même instant.

Et ce globe de lumière était, ou me parut être une Vessie enflée dans laquelle brulait une petite bougie.

Et cette Vessie ou Lanterne fut suivie d'une seconde qui précedait une troisième, & cette troisième Lanterne en avait une quatrième à la suite, qui devancait une cinquième accompagnée d'une sixième, qui ne fut pas plutôt entrée qu'il en parut une septième, & la porte se ferma.

Et chacune des sept Lanternes s'avancait gravement vers le Sage, illuminait son effigie, se reposait un instant sur sa perruque, & puis allait se placer sur l'un des sept pupitres qui entouraient la grande table.

Et j'admirais en silence toutes ces merveilles.

Et lorsque les Lanternes furent toutes placées, le Filosophe dit : »Nobles compa-
» gnes de mes travaux, radieuses Lanternes,

» vous voyez à vos pieds le méchant qui
» vous outrage, vous connaissez son cri-
» me : coupable au premier chef de le-
» ze-Encyclopedie, il a voulu l'ingrat
» éteindre *la lumière que vous & moi*
» *portons dans le sein de la nuit immense*
» *qui environne les esprits* ; l'attentat est
» horrible, & jugé par des Lanternes, il
» merite la mort la plus cruelle ; mais
» nous sommes Filosofes, & c'est assez
» pour nous de rayer le criminel du nom-
» bre des vivans, si toutefois nous ne
» pouvons nous dispenser de le faire pé-
» rir ; balancez dans vos avis les droits
» des offensés & l'audace de l'offenseur ;
» opinez, je vous écoute.

Et malgré la terreur que m'inspirait
cette funeste invitation, je fus bien étonné
quand je vis la première Lanterne tourner
trois fois sur elle-même, diriger son orifice
du côté du Filosofe, & quand je l'entendis
s'exprimer ainsi : » Nous entendrions très-
» mal & nous violerions ce grand mobile
» de notre être ; l'intérêt personnel, ce
» principe immuable de nos sentimens,
» de nos actions, de nos écrits, si nous
» laissions la vie à ce méchant qui n'a
» pas hésité de choquer directement nos
» intérêts personnels ; je me respecte trop
» pour être inconséquente ; j'agirais con-

» tre mes préceptes, si je ne me hâtais d'o-
» piner à la mort de notre ennemi. «

Et la seconde Lanterne prit la parole
& dit : » Pour sçavoir s'il y a de la
» justice à faire périr ce Poëte satyrique,
» je ne dois consulter que ma sensibilité
» physique ; car *la sensibilité physique est*
» *l'auteur de toute justice*. Or la mort du
» coupable satisfera pleinement ma sen-
» sibilité physique ; je conclus donc qu'il
» est non seulement très-juste mais très-
» indispensable d'égorger cette victime.

» Et je suis du même avis, continua
» la troisiéme Lanterne, j'ajoute seulement
» que, puisqu'*au lieu de pécher, ceux*
» *qui se donnent la mort meritent pres-*
» *qu'autant le nom de Sages que de cou-*
» *rageux*, nous meriterons le nom d'ar-
» chi-Sages, nous qui ne faisons, en ar-
» rachant la vie à ce scélerat, que détruire
» une machine beaucoup plus indifféren-
» te à nos yeux, & bien moins précieu-
» se pour nous que nos individus.

» Et plût au grand Ether, s'écria la
» quatriéme Lanterne, qu'il nous fût
» aussi libre de détruire tous les vieux pré-
» jugés de la Société, qu'il nous est per-
» mis d'étouffer ce fanatique, nous se-
» rions bien plus respectées ; mais enfin
» c'est au Sage à faire tous ses efforts
» pour *affranchir les hommes de la crain-*

« te puerile que leur inspirent ces préju-
« gés gothiques ; cet insensé s'oppose à
« nos efforts, qu'il soit exterminé.

Et la cinquiéme Vessie dit à ses compagnes, » nous avons démontré que *la*
« *probité n'est que l'habitude des actions*
« *utiles*: il est plus qu'évident que jamais
« action ne fut plus utile pour nous que le
« massacre de ce vilain Poëte ; le tuer,
« c'est donc faire un acte de probité.

Et la sixiéme Lanterne gardait le silence, & le Filosofe lui dit de rompre
le silence ; & la Lanterne répondit au
Filosofe : » A quel propos déliberer sur
« une question qui se décide d'elle mê-
« me ? Devons-nous mettre ce scelérat à
« mort ? Eh ! sans doute, nous devons l'as-
« sassiner : quel homme sur la terre nous
« dira que c'est un mal ? Et si quelqu'i-
« gnorant condamnait notre vengeance,
« je ne voudrais pour le confondre que lui
« demander ce qu'il entend par mal, ce
« qu'il entend par bien, *s'il y a des bor-*
« *nes qui séparent le bien & le mal*. Je le
« forcerai sans peine de convenir qu'elles
« n'existent point, ces bornes ; & quand
« je l'aurai forcé de convenir qu'il n'y a
« ni bien ni mal, pourra-t-il sans folie
« soutenir que nous avons mal fait ?

Et les six Lanternes ayant opiné, la
septiéme d'un ton dur & presque in-

civil, dit en brufquant fes Compagnes; » Dans tout ce que vous venez de balbu- » tier, il n'y a de raifonnable que l'unifor- » mité de vos opinions; je n'ajouterai » qu'un mot. Nous fouhaitons tous avec » ardeur de nous venger de ce téméraire; » nous formerons les mêmes vœux jufqu'à » ce qu'ils foient accomplis; il eft de prin- » cipe que *le vrai moyen de s'affranchir de* » *l'importunité de fes défirs, eft de les fui-* » *vre:* obéiffons à nos défirs.

Et quand les fept Veffies eurent opiné, le Filofofe ôta fa perruque, & quitta fa chaife, & fa perruque ôtée, & droit fur fes pieds, il fit neuf inclinations, une à chaque Lanterne, la huitiéme au Fantôme & la neuviéme à foi; & les inclinations faites d'un air trifte, & cependant tranquille, il regarda le Spectre, ramaffa fa perruque & la jetta fur mon vifage.

Et Cuclos à ce fignal déchira mes vêtemens.

Et mes vêtemens déchirés, je fus étendu fur le dos & fortement lié.

Et je vis auffitôt briller dans les griffes du Spectre un biftouri affreux.

Et déja je fentois la pointe du cruel inftrument.

Et déja le Sage & les Lanternes avaient dit à l'Opérateur: Enfoncez; quand une voix plus douce que la lyre d'Amphion cria, n'enfonce pas.

Et m'étant tourné du côté de la voix, j'apperçus une jeune Dame qui d'une main secourable arrêtait le bras homicide, & qui brisait de l'autre les fers qui m'enchaînaient.

Et cette jeune Dame, ou plutôt cette belle Déesse, joignait aux charmes ravissans de la Reine d'Amathonte, l'air noble & fier de l'auſtere Minerve; ſur ſon front calme & majeſtueux ſiégaient la candeur, la gayeté décente & l'aménité; elle avoit les yeux bleus; mais ſes yeux tendres, enchanteurs inſpiraient en même tems la confiance & le reſpect. Blanche ſans fadeur, ce n'était point au mélange perfide des couleurs empruntées qu'elle devait la beauté de ſon teint, ſon ſourire aimable n'était, ni le ſigne d'une fauſſe joie ni le voile impoſteur de la malignité; elle ouvrait la bouche, & ſes douces paroles diſſipaient les noirs ſoucis, & faiſaient naître l'eſpérance; les rubis, les diamans ne paraient point ſa tête; des fleurs ſimples, ingénues comme elle, ornaient ſes blonds cheveux, & ſes ſourcils plus noirs que l'ébene formaient avec ſa chevelure, un contraſte d'autant plus agréable qu'il eſt rare chez les Belles. Une robe d'azur voilait la Déeſſe, & je lûs au bas de la robe, ce mot écrit en caractere d'or, ce mot que ma reconnoissance avait lu dans ses yeux, L'HUMANITÉ.

Et ma céleste Bienfaitrice adressa ces paroles, qui resteront à jamais gravées dans mon cœur, au Filosofe, aux Lanternes, à moi. » Enfans d'un même pere,
» voyageurs embarqués sur le même vais-
» seau, sujets d'un même empire, quelle
» funeste passion entretient dans vos ames
» le feu de la discorde ! Ah ! si j'avois sup-
» posé qu'un jour les disciples de la Sagesse,
» les amis de la Vertu sacrifieraient la ver-
» tu, la sagesse au plaisir barbare de se dé-
» chirer entr'eux, j'aurais défendu mes
» droits, & je vous aurais, ingrats ! épargné
» les remords que vous vous préparez. Ces-
» sez de profaner mon nom, ou ne préten-
» dez plus au titre fastueux de bienfaiteurs
» de votre espece. Eh ! pourquoi regardez-
» vous le drame de cet Auteur comme un
» libelle ? Par quel caprice refusez-vous de
» séparer d'avec vous-mêmes quelques sen-
» timens hazardés, peut-être dangereux, qui
» sont échappés à la fertilité de vos génies ?
» Imitez le plus sage des Grecs, imitez son
» ami : le sublime Euripide ne crut pas
» le Théâtre d'Athenes profané, des-
» honoré, pour y avoir vu jouer les
» sentimens de son ami ; son ressentiment
» n'alla point point jusqu'à priver sa patrie
» des belles Tragédies, qu'il ne cessa d'y

» faire repréfenter. Terminez, il en eft
» tems, une querelle qui m'outrage.

Et l'aimable Humanité me fit figne
d'embraffer mes ennemis.

Et docile à fes ordres, j'embraffai le
Sage, & le Sage me mordit.

Et je m'enfuis auprès de ma protectrice, & ma protectrice s'éloigna des Lanternes, & je fuivis fes traces.

Et je revins dans ma chambre fatigué,
tremblant & mordu.

Et je trouvai mon frere & mon Sécré-
taire Antoine Colomber, qui fondaient
en larmes; & pour les confoler, je leur fis
le récit de ce que vous venez de lire.

www.ingramcontent.com/pod-product-compliance
Lightning Source LLC
Chambersburg PA
CBHW070533050426
42451CB00013B/2985